Reconnaître les Espaces Quantiques

Pensées de la Nouvelle Epoque

☙

Dipl.-Soz. Frauke Kaluzinski

Juillet 2012

Original 08/2011
Quantenräume erkennen

© **Frauke Kaluzinski**

Traduction
Pierre Fux

Éditeur: Books on Demand GmbH, 12/14 rond point des Champs Élysées, 75008 Paris, France

Impression: Books on Demand GmbH, Norderstedt, Allemagne

Layout
Ricarda Block
www.rb-artworks.de

ISBN: 978-2-8106-2511-6
Dépôt légal : Juillet 2012

www.resonance-quantique.com
www.heilehaus.holtorfsloh.de

Rêves Quantiques

Les espaces quantiques n'ont pas de barrières
Tu devrais les remercier
Lorsque sans Espace ni Temps
Ils se transforment en un rêve qui est tien
En miroir de ta fantaisie
Ils deviennent matière plus dense que jamais.

(suite p. 72)

ଓଃ

Frauke Kaluzinski est née en 1963 à Lüneburg. Après avoir fréquenté la Highschool Hudson/Ohio elle a fait des études d'art graphique au lycée à Hambourg. Elle a toujours été très intéressée par les normes de comportement de l'être humain ce qui l'a conduit à étudier la Sociologie et l'économie à la Faculté. Le sujet de son diplôme final consista en une étude comparative des thèses de C. G. Jung et de Martin Buber. Préoccupée constamment par la question existentielle, cette mère de famille de 2 enfants, cherchait sans cesse des réponses dans les domaines de la psychologie, des religions, des tendances ésotériques mais également en physique quantique.

« Que signifie être un être humain ? Pourquoi sommes- nous là ? Pourquoi nous comportons nous si souvent de manière si contradictoire ? »

La fusion des sujets techniques, évoqués avant, avec la philosophie quantique apporta la réponse espérée. Les pièces de mosaïques s'assemblèrent au travers de la formule époustouflante :

Le chemin pour arriver à faire les choses, c'est d'être.
       Lao Tse

Chapitres

	Introduction	8
1	Le saut quantique	10
2	Max Planck à propos de Dieu	13
3	Ondes ou particules?	17
4	Créature ou créateur?	22
5	Mon appel aux lecteurs	24
6	L´In-form-ation est née	29
7	Autour de quoi tournent nos pensées?	30
8	Tout est une question d'orientation	31
9	La créature verra-t-elle son créateur les yeux dans les yeux?	34
10	L´être humain	39
11	La Création – l`Homme, un Microcosme?	43
12	Le Fils – la Lumière – la connaissance – le Christ – font partie intégrante de la Création	50
13	Guérir avec des signes ou des symboles	53
14	Observations de Viktor Schauberger	55
15	Karl von Eckartshausen	56
16	Les Mayas	57
17	Je sais que je ne sais rien	59
18	La courbe sinusoidale	64
19	Le phénomène des trous noirs	71
20	Rêves Quantiques	73
21	Le rideau s`ouvre	74
22	Réflexions personnelles	76
23	Le cerveau gauche et le cerveau droit	79
24	Approche Physique	81
25	Soins quantiques et Méthode des 2 points	82
26	Conclusion	84

INTRODUCTION

Quelle dimension a notre univers? Mes pensées vont au bout du monde et même plus loin. Qu'y a- t-il là-bas ? Peut- être pas d' ETRE ... la soupe originelle - le Néant - Dieu - l'Esprit - l'Amour caché ? Pourtant Dieu s'est manifesté sinon nous n'existerions pas.

Au commencement était le Verbe - La Pensée

La Matière c'est
la soupe originelle en formation
de la lumière condensée
le photon, lorsqu'il est observé et mesuré

Qui observe - Qui mesure - Qui juge ?
L'homme - MOI - Suis-je seulement la créature ou suis-je également créateur ?
Les connaissances en physique quantique apportent des réponses fascinantes. Une image du monde qui bouleverse tout. Lorsque cette image est intériorisée elle amène directement au saut quantique, à la conscience élargie de l'ETRE-humain.

ଓଃ

Qui cherche la vérité
ne doit pas être choqué quand il la
trouve

proverbe Chinois

ଓଃ

1. Le saut quantique

On annonce actuellement un saut quantique de la conscience humaine. A mon avis, cela donne la possibilité à l'être humain d'évoluer dans deux directions diamétralement opposées.

L'être humain est en premier lieu tourné vers la matière. La matière contient également de plus en plus la perception consciente des domaines subtils comme par exemple les sphères éthérique, émotionnelle et mentale.
L'homme doit trouver des chemins et des méthodes dans son combat pour la survie qui lui assurent la prospérité corporelle. L'homme, la nature et l'atmosphère sont étroitement liés jusque dans le moindre détail. Un petit changement de pression, de composition ou d'état vibratoire de l'atmosphère pourrait anéantir toute vie sur la planète terre.

Avec le début du 3ème Millénaire se termine un grand cycle zodiacal de 26000 ans, qui correspond à la période que la terre a mis pour traverser les douze constellations.

Je me demande : „Où se trouve l'humanité en ce moment et vers où va-t-elle?"

Le temps du matériel, du toujours plus, du plus grand, du plus imposant, semble perdre de l'ampleur. Le regard est de plus en plus tourné vers l'infiniment petit, vers les particules infinitésimales qui n'en sont déjà plus. La recherche se focalise vers les photons de lumière, les Strings (particules unidimensionnelles) et les Champs.

L'homme est-il une création de Dieu ou co-créateur ? Tout existe, tout sera possible et imaginable. Formons nous notre propre monde – ou chacun même son propre monde – tout cela dépend de l'observateur – ou existe-t-il au sens objectif un monde à l'extérieur ?

Peut être ignorez vous que ce sujet requiert de nouvelles connections synaptiques dans le cerveau. Ce sujet développera une dynamique propre incroyable si vous êtes un temps soit peu chercheur dans l'âme. Ce fut le cas pour moi, lorsque la physique et la philosophie quantiques se sont trouvées sur mon chemin. Je fus agréablement surprise et contente de voir que notre Internet (encore libre) nous permet d'accéder à un grand choix d'informations, de vidéos et de forums de discussion.

Même si le domaine des sciences humaines m'était plus familier, il m'a été possible d'accéder au domaine des sciences physiques depuis mon domicile.

Combien de fois, en regardant des expériences physiques sur YouTube, je ressentis comme un flash, alors des impressions inouïes et des pressentiments m'ont traversé l'esprit.
Les contenus de ce livre vont des domaines de l'onde aux particules, de la créature au créateur, ou, exprimé avec les mots d'Erich Fromm,

« **Avoir ou Etre** ».

Dans la suite je vais essayer de traduire en mots quelque chose qui est difficile à se représenter car cela provient de mon vécu féminin, se déroule en mon for intérieur, et devient une certitude.

Ce n'est pas un acquis personnel et ne pourra le devenir car son origine se trouve là où toute personnalité s'efface. Et pourtant tout un chacun, peut faire et vivre cette expérience de façon immédiate s'il est ouvert à cela.

2. Max Planck à propos de Dieu

« Tout au long de notre vie nous nous sentons soumis à une puissance supérieure, que nous ne pouvons élucider à partir des sciences exactes, mais aucun être ne peut l'ignorer pourtant. L'homme ne peut choisir qu'entre deux comportements :

soit la peur et la résistance hostile ou alors le respect profond et le don de soi.

De toute façon il ne reste à chacun, dans son combat vital, qu'à attendre de manière patiente et courageuse et de se soumettre à cette puissance supérieure qui le protège. »

Onde

Particule

•

3. Ondes ou particules?

Depuis longtemps on se pose des questions en physique à propos du phénomène de la Lumière. Les photons de lumière se comportent-ils comme des particules ou correspondent-ils mieux aux caractéristiques des ondes se propageant sans l'eau?
Cette question a amené en physique quantique à de curieux résultats. Une expérience, que même des non scientifiques comme moi peuvent suivre, la dite expérience de la « double fente » est montrée à l'observateur ici. Prenez le temps d'aller cliquer sur YouTube pour regarder ce petit film sur cette expérience de « physique quantique de la double fente ». Si vous n'avez jamais été confronté avec cette thématique, je vous garantis que votre image du monde va vaciller ; et pas seulement votre image du monde. A chaque réponse obtenue par les scientifiques sur cette question, apparaissent 1000 nouvelles questions.

« Notre connaissance est une goutte d'eau, notre manque de savoir est un Océan ».

disait Sir Isaak Newton.

J'avais d'abord prévu de décrire brièvement l'expérience de la double fente dans ce livre, mais j'ai changé d'avis. Permettez à votre vie d'aspirer à la physique quantique. L'internet vous en donne les moyens et des informations incroyables vont vous être données. Surtout ne pensez pas que nous n'allons pas les comprendre. Notre problème réside souvent dans le fait que nous pensons de manière trop complexe. C'est possible que vous ne regardiez plus la télévision pour un certain temps mais que vous alliez à l'aventure via internet. Mais même toute cette richesse d'informations n'est rien à côté des richesses que vous portez en vous. Si vous n'avez pas d'internet et ne connaissez pas l'expérience de la double fente, j'en appelle à votre intuition.

Le but de ce livre est de mettre le point sur le « i » , au vrai sens du terme, en ce qui concerne les phénomènes complexes, ou de vous amener sur la même longueur d'onde.

Onde ~ ou particules · ?
Créature ~ ou créateur · ?

Pourquoi peut-on dire d'un certain point de vue qu'il s'agit exactement de la même question.

« La matière est de la lumière condensée »
Prix Nobel David Bohm et Albert Szent-Györgyi

$E = mc^2$, Théorie de la relativité d'Einstein
La masse (m) peut être considérée comme de l'énergie concentrée (E), reliée par le carré de la vitesse de la lumière.
Autrement dit : la matière es~t de l'énergie et celle-ci se compose de vibrations. Tout vibre, même notre corps.
Le Christ dit :
« **Je suis la Lumière du monde.** » *Jean 8, Vers 12*
« Qui me suit ne marchera pas dans les ténèbres, mais aura la lumière de la vie ».

« Au commencement était le Verbe ~, et le Verbe ~ était avec Dieu ·, et le verbe ~ était Dieu ·. Tout fut par lui, et sans lui rien ne fut.

Ce qui fut en lui était la vie, et la vie était la lumière des hommes. Et la lumière luit dans les ténèbres, et les ténèbres ne l'ont pas saisie. *Jean 1, Vers 1-3*

Créature

Créateur

●

4. Créature ou créateur?

Et le Verbe ~ s'est fait chair
et il ~ a habité parmi nous,
et nous avons contemplé sa gloire ~,
gloire qu'il tient de son Père ·
comme Fils ~ unique,
plein de grâce ~ et de vérité ~.
Jean lui ~ rend témoignage et il clame :
« C'est de lui ~ que j'ai dit :
Celui ~ qui vient derrière moi ,
le voilà passé devant moi,
parce qu'avant moi il ~ était. »
Oui de sa plénitude ~ nous avons tous recu,
et grâce ~ pour grâce ~.
Car la Loi fut donnée par Moise ;
la grâce ~ et la vérité ~sont venues par
Jésus ~ Christ ~,
Nul n'a jamais vu Dieu · ;
le Fils ~ unique,
qui est tourné vers le sein du Père · ,
lui ~, l'a fait connaître.
Jean 1, Vers. 14-18

Dieu · = © =   **avant la création**
Dieu · **+ le Fils** ~ = · ~ =

La Création

Dieu – L'homme

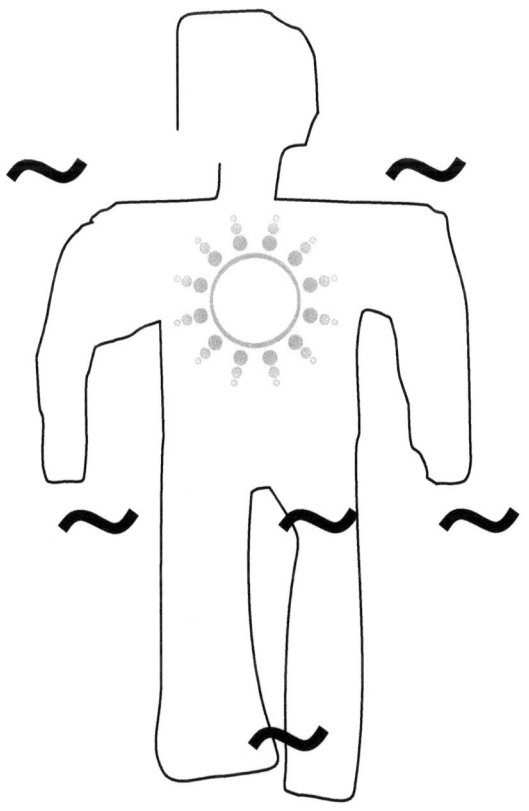

5. Mon appel aux lecteurs

Vous avez peut-être zappé les premières pages et vous vous demandez ce que tout cela signifie.

Ce livre essaie de vous familiariser avec la création par une vue de l'intérieur. Il cherche la paix, - votre quiétude - votre dévouement et votre reconnaissance.

L'homme a la connaissance universelle en lui, elle est simplement recouverte par ses propres schémas de pensée.

Je citerai plusieurs penseurs et scientifiques par la suite, afin d'étayer mon cheminement de pensée. Ce qui se manifeste en moi est conforté par des résultats et des raisonnements scientifiques.
Dans notre culture il s'avère que l'être humain doit être rempli de connaissances, de titres pour que ses propos trouvent écho. Moi-même j'ai étudié la sociologie de C. G. Jung et Martin Buber. La connaissance universelle apportée par les hommes de lumière du dernier millénaire fit partie de mon pain quotidien. Et pourtant les contenus de ce livre proviennent plus encore du vide en moi.

Dans les moments de tranquillité et d'abandon total, dans ce vide, se crée un espace de liberté dans lequel les choses se rencontrent par elles mêmes.

Ceci n'a rien à voir avec le fait de ne rien faire ou de méditer pendant des heures. Les pensées et les sentiments ont tout simplement trouvé la paix pendant un laps de temps. J'ai fait la connaissance de « la méthode des 2 points », aussi appelé soins quantiques ou matrice énergétique, pendant que je rédigeais ce livre. La phrase que je viens d'écrire *« dans les moments de tranquillité et d'abandon total, dans ce vide, se crée un espace de liberté dans lequel les choses se rencontrent par elles mêmes »* prend encore plus de signification dans ce contexte. Je ressens en moi le fait que l'homme se trouve devant un bouleversement de sa compréhension. La méthode des 2 points nous enseigne que lorsque la conscience de l'homme se concentre en même temps sur deux points, cela lui ouvre de nouvelles possibilités pour son existence.

Grâce à cette méthode nous accédons à une nouvelle conscience, la matrice du tout. Nous délaissons ce qui est focalisé, ce qui a été défini par notre point de vue – les blocages – et accédons à l'information originelle. Le défi des temps à venir, à mes yeux, est de comprendre ce que peut nous apporter cette méthode.

Grâce à cette méthode nous pourrons à nouveau devenir des corps plus purs afin d'accueillir la lumière. Chacun pourra alors faire le choix de l'esprit d'amour ou rester matérialiste.

Vous trouverez de plus amples détails sur la méthode des 2 points à la fin du livre.

Je précise que dans la première partie de ce livre, j'ai choisi le commencement des commencements ceci pour une meilleure compréhension.
Dieu – la première et seule dimension avant la création – le tout ou alors le rien – se manifeste par la deuxième dimension – le Verbe – le fils – l'onde ou la vibration. Cette onde vibre à travers la substance originelle : la vie céleste.
Si nous considérons la création dans l'espace et le temps, alors elle devient spirale – la forme se crée : les spins – les ADN – les chakras – les vortex– les orbites des planètes – les Voies lactées – les galaxies.
Le mouvement sous forme de spirale est en étroite relation avec l'apparition de la matière. Ce qui nous paraît être de la matière inerte est, comme on le sait depuis longtemps, un océan de vibrations et de forces correspondantes.

Le chercheur Japonais, Masaru Emoto, a démontré visuellement, au travers de ses cristaux, que l'eau pouvait mémoriser des informations vibratoires spécifiques. Grâce à des milliers de photographies, il a découvert que l'eau pouvait mémoriser des informations positives ou négatives, de la musique, des mots mais également des sentiments et la conscience.

Eau cristallisée « Merci »

Une eau ayant été soumise à la 9ème Symphonie de Beethoven « L'hymne à la joie » formera des cristaux ressemblant fortement à celui-ci :

http://www.youtube.com/watch?v=wJ7cc4Qc_eM

choses non manifestées
la soupe originelle

L'un des plus beaux cristaux de glace est le cristal obtenu après avoir donné l'information « MERCI » **(ou DANKE)** à l'eau.
A mes yeux, ceci est l'image la plus significative de la transformation de quelque chose de non manifesté (« la soupe originelle ») à de la matière in-formée.

Ce qu'il faut souligner c'est la proximité avec le mot pensées (ou DANKEN-gehen). Qui peut avoir des pensées ?

L'être humain

La soupe originelle est non structurée en son milieu. La formation, la structuration, la différenciation, la manifestation spécifique commence par l'extérieur.
Dans le film de YouTube cité précédemment, il est dit : *« nous savons que l'eau contenant une bonne énergie forme des cristaux hexagonaux. La raison en est la manifestation de vibrations (= Hado) qui est la source ultime d'énergie. » Lorsque l'on informe l'eau avec l'information « idiot » alors elle ne forme pas de cristaux.*

L'homme étant constitué de près de 80% d'eau, il est facilement concevable que nos pensées ont une influence sur l'état énergétique de notre corps. La vibration se transmet aux champs de force. La cohésion de ceux-ci se fait par la conscience. A propos du sujet « à partir de la soupe originelle se fait la formation », voir le Prof. Dr. Dürr (à la fin du film).

6. L'in-Form-ation est née

Cette information peut être transmise d'une substance à une autre ; regardez par exemple le phénomène d'intrication quantique ou encore le principe de l'homéopathie.
Mon intention n'est pas d'étudier ou de démontrer scientifiquement des choses concrètes du monde ou des paradigmes. Le trésor qui m'a été donné se situe au niveau de la compréhension intuitive. C'est là que réside la chance pour la conscience humaine de réfléchir à un sujet aussi complexe que la création.

L'homme traverse, au début de cette nouvelle période (à partir de 2001 les écrits sur la Grande Pyramide, ou en 2012 le calendrier Maya), une des pages les plus sombres de son histoire. Le passage du soleil par l'équateur galactique (à relire chez Gregg Braden/ Le temps fractal) est à présent la manifestation extérieure la plus visible de la séparation de la conscience humaine avec le commencement de l'univers – de la source.

Il existait et il existe toujours à chaque époque la possibilité d'entrer en résonance à nouveau avec la source et donc avec la matrice originelle. Nous sommes entourés de la perfection à chaque moment – chaque problème a déjà sa solution, - simplement notre structure de résonance personnelle est masquée par une multitude de pensées et de sentiments.

Beaucoup de gens prennent conscience que nous nous trouvons à une limite. Notre progression ou recul dépend d'une seule décision, une décision personnelle mais aussi collective. Comme chaque personne ne peut décider que pour elle-même, il s'agit donc d'agir.

Rien ne change,
A moins que je ne change moi-même.
Tout change,
A partir du moment où je change.

Ce propos contient tout en soi et il a une grande portée. Souvent le simple fait de voir les choses provoque le changement.

7. Autour de quoi tournent nos pensées?

Ce qui suit est vraiment à prendre à la lettre.
Lorsque nos pensées (les spins des photons de lumière) tournent autour des choses spirituelles alors notre lumière interne veut se connecter avec la lumière divine et entre en résonance avec celle-ci – ou alors voulons nous en tant qu'êtres matériels encore davantage pénétrer dans la matière ?

Avec quelle perception de notre ETRE nous relions nous ? Avec l'esprit/ l'âme ou la matière – les ondes ou les particules ? Une partie est toujours une partie du Tout – Etre une partie signifie déjà être séparé de soi même.

En tant que matière terrestre nous sommes séparés sans même le vouloir. En tant qu'être de lumière ou corps de lumière nous formons un corps composé de multitudes de cellules et sommes donc soumis à une toute autre force structurelle et à d'autres lois de la nature.

Goethe connaissait cette pensée:

« Deux âmes, hélas ! se partagent mon sein, et chacune d'elles veut se séparer de l'autre: l'une, ardente d'amour, s'attache au monde par le moyen des organes du corps; un mouvement surnaturel entraîne l'autre loin des ténèbres, vers les hautes demeures de nos aïeux! » (Faust).

8. Tout est une question d'orientation

Le temps défile vers la droite – ou encore de façon linéaire – de plus en plus.
Que se passerait-il si le temps reculait.
Le derviche tourneur tourne de droite à gauche
Quelle danse ?
Ce rituel de la danse des derviches tourneurs ou Sama, trouve son origine dans une inspiration du philosophe oriental Mevlâna Celâleddin Rumi.

Voici un petit extrait du magazine « Delphin » ARALIK/ Zwischenraum/ 2009

Il est reconnu scientifiquement que la condition primordiale de notre existence est un mouvement de rotation. Il n'y a pas d'être ou d'objet qui ne tourne pas, car tous les êtres sont constitués d'atomes (protons et neutrons) autour desquels gravitent des électrons. Tout tourne, et l'homme vit grâce au mouvement des particules, la circulation sanguine et les cycles vitaux avec l'apparition sur terre et son retour en terre. Tous ces mouvements sont naturels et inconscients. L'homme a cependant une conscience individuelle et de l'intelligence, ce qui le différencie des autres êtres vivants.

C'est ainsi que le derviche tourneur ou *semazen* prend part aux mouvements de façon volontaire et consciente , ces mouvements auxquels sont soumis tous les êtres.

Contrairement à la pensée commune, le but du semazen n'est pas d'entrer en extase. Il entre au contraire en harmonie avec la nature, avec les plus petites cellules et les étoiles au firmament, il est alors témoin de la majesté et de l'existence du Créateur ; il pense à lui, le remercie et le prie.

« il pense à lui, le remercie et le prie. »

Quel est le dénominateur commun à toutes les religions, les modèles de représentation du monde et à l'aspiration humaine? Y a -t'il un but commun ? Est ce que chacun peut aller vers ce but et l'atteindre ? Comment une particule peut elle être à nouveau reliée au tout ?

Au regard des nombreuses guerres (de religions-), des conflits et des injustices sociales sur terre, on répondrait plutôt par la négative à cette question. Mais chaque homme n'aurait-il pas le même potentiel au départ, pour correspondre à son but existentiel? Chaque homme doit être préparé en son for intérieur pour qu'à chaque instant , s'il le veut, il puisse se réorienter vers la source.

Ceci était et reste ma conviction personnelle – un savoir intérieur – qui m'a été donné dès le départ. Tout le reste n'a pas de sens à long terme. Et en mon for intérieur j'ai toujours su qu'il y avait un accès direct à cela. Personne n'a à réaliser des choses surhumaines pour accéder à ce chemin. L'homme n'a pas à accomplir des choses au-dessus de ses forces , il naît avec le divin en lui.

9. La créature verra-t-elle son créateur les yeux dans les yeux ?

Je l'affirme – et le chemin pour y arriver est plus rapide qu'on ne le croit.

Jésus dit : « Je suis la Lumière du monde »

Exprimé de façon plus moderne : je suis le photon de lumière, la lumière cohérente, la vie en chaque chose, maintenant et pour toujours, sans fin. Je suis hors du temps et de l'espace – je suis en tout.

Cette lumière s'est donnée au monde, elle est cachée dans la forme, dans la matière. Nous nous sommes liés avec le monde extérieur, nous avons décidé de paraître.

Si nous choisissons la lumière, l'amour et la vie elle-même, alors nous trouverons la paix. Nous nous remettons alors librement et totalement à la vie, au principe divin, qui dit : « je suis le chemin, la vérité et la vie ».

C'est la force du Christ (Krishna) qui nous guide en sécurité à travers le chaos extérieur pendant cette période de transformation. Toutes les structures de pensée et tous les schémas de conduite suivent une nouvelle structure de force. Les conditions pour en faire usage n'ont jamais été aussi bonnes. En faire usage soi-même signifie pour l'être humain actuel sa remise personnelle au principe divin.

Notre cœur est l'étable de Bethlehem, dans laquelle est né le Christ. Autrement dit : le Corps du Christ est partagé en une infinité de cellules. Chaque homme porte en lui l'une de ces cellules. Dans chacune d'elle se trouve le tout, le plan de la création.

En tant qu'être humain, nous pouvons entrer en résonance avec le plan de conception divin. Les hommes lorsqu'ils se donnent la peine de se rassembler dans ce sens forment un champ de force.

« et là où deux ou trois se retrouvent en mon nom, je suis au milieu d'eux"

L'humanité est t- elle prête pour passer de l'époque de l'information à celle du commencement de la conscience ?

Le saut quantique pour accéder à cette période de la conscience peut être visualisé par la méthode des deux points. Cela nécessite pour l'homme de prendre enfin sa responsabilité à 100% pour ses propres pensées et encore plus pour ses propres sentiments. Plus de gémissements, plus de plaintes, mais du remerciement et de l'amour pour le créateur – pour la création – pour soi -même et envers les autres.

Cependant la décision personnelle pour orienter ce changement demeure.

Le MOI meurt-il – pour s'épanouir dans le fait d'ETRE dans la Trinité ? Ou bien le « MOI » se conforte-t-il dans un monde idéal que l'on se crée soi-même et où prédominent de nouveaux espaces de perception comme par exemple le monde astral, les mondes de voisins galactiques ?

Cela donne le vertige que de voir le déplacement de la conscience humaine vers des mondes subtils. Cela cache un danger à ne pas sous estimer, à savoir l'hypothèse fausse de croire que l'on est sur la trace de l'absolu.

Ces mondes existent en dehors de notre existence corporelle. Les mondes des anges, des maîtres ascensionnés, des extra-terrestres, des esprits de la nature. Nous apprenons grâce à eux, mais ils sont aussi existants ou non existants que notre propre manifestation.

Il y a d'innombrables entités qui, pour des yeux ordinaires, sont invisibles et pourtant ils habitent, forment et maintiennent notre univers. La source de toute chose est cependant « le non manifesté » - l'espace entre les pensées, le « Néant ». C'est ainsi que l'homme est double. Premièrement dans son identification avec ses propres pensées et sentiments, avec ses perceptions sensitives, ses jugements et créations. Deuxièmement, l'homme est l'obser-vateur - sans juger – sans intervenir – sans se lier. Il devient l'ETRE et laisse tout être, comme cela existe déjà, il se consacre alors à la source, à la conscience même par laquelle tout se crée.

C'est alors que l'homme réalise de façon tout à fait indépendante et libre ce qui résonne en lui de divin. Dans cet acte il n'y a pas de MOI ou de TOI. L'être humain est devenu fils ou fille du SEUL et Unique – Dieu manifesté - une cellule qui vibre avec lui.

Dans le livre de « Lévi » l' évangile du Verseau (Le Christ de l'ère des poissons, 7. Ed . 1984) il est écrit à la page 193 :

22 *Tout en marchant, le Maître leur dit : Que disent les gens à propos du Fils de Dieu ? Qui suis-je à leurs yeux ?*

23 *Matthieu dit : « les uns pensent que tu es David qui est revenu. Les autres pensent que tu es Enoch ou Salomon. »*

24 *André ajouta : « j'ai entendu un grand prêtre dire : cet homme est Jérémie car il parle comme Jérémie écrivait »*

25 *Nathanael expliqua : « les anciens maîtres qui nous accompagnaient pensaient que Jésus était probablement le Bouddha revenu »*

26 *et Jacob dit : « je crois que la plupart des gens comme nous voient en toi Elie qui est revenu sur Terre »*

27 *Jean dit : « j'ai entendu un voyant dire à Jérusalem, ce Jésus est Melchisedek, le prince de la*

paix, qui vécut il y a 2000 ans et qui avait fait la prophétie de revenir »

28 *Thomas ajouta : « Hérode pense que tu es Jean le Baptiste, qui est ressuscité d'entre les morts. Mais sa conscience le tourmente et dans ses rêves il voit le crucifié comme un fantôme le poursuivant la nuit »*

29 *et toi?*

30 *et Jésus demanda aux disciples : « qui pensez vous que je suis ? »*

31 *et Pierre répondit : « tu es le Christ, l'Amour de Dieu, qui s'est manifesté aux hommes »*

32 *Jésus lui dit : « Bénit sois tu Simon, fils de Jonas, car tu fais connaître la vérité que Dieu t'a donné »*

33 *Tu es le roc et tu seras un pilier du temple de Dieu.*

34 *Ta connaissance est la pierre de voûte de notre*

croyance, Tu es Pierre et sur cette pierre je bâtirai mon église. »

10. L être humain

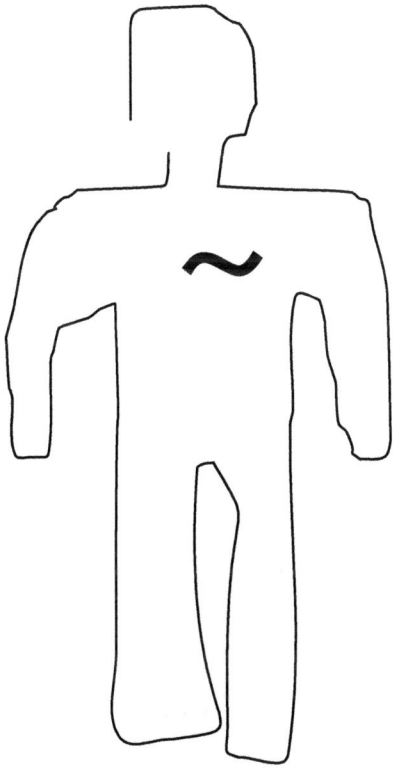

L´homme porte dans son coeur

 la Lumière

 l`Amour

 la vie

toute la céation

Le Christ ~ Krishna ~ Buddha ~ ~ ~

On ne peut décrire dans les livres l'esprit de vérité. Il est caché dans le Cœur. Quand toutefois l'esprit divin rencontre une âme pure cela se transforme en une expérience vivante, un savoir intérieur.

~ cette vibration particulière a des propriétés et des caractéristiques qui se distinguent des vibrations connues.

~ cet amour ~ cette lumière intérieure ~ la grâce ~ le savoir ~ la vie ~

ne se laissent pas positionner, ils n'ont pas de lieu fixe. On pourrait mieux le décrire en étant un champ d'actions. Un champ qui ne peut être mesuré ni par une distance ni par une intensité. Omniprésent et identique en tout temps et en tout lieu. Ce sont des attributs de Dieu. La ~ est Dieu manifesté, à partir de cette onde ~ tout est fait. Si toute création vibrait avec l'esprit de Dieu, alors tout serait éternel, chaque pensée serait ETRE de façon absolue.

« je suis le chemin, la vérité et la vie »

Le Christ =   le chemin: transcendant et inhérent
                la Vérité : transcendante et inhérente
                la Vie: transcendante et inhérente

Cela signifie pour moi, dans la façon de me conduire tous les jours, une direction consciente et le fait de se remettre à ce qui est divin, à ce qui unit, à l'esprit, au vivant, à ce qui se donne librement

a. Le médiateur
b. La Lumière du monde
c. L'amour

Seulement là où l'on mesure, où l'on juge, se crée la matière, comme nous la connaissons.

Qui juge ?

Dieu a créé une immensité de possibilités, Dieu ne juge pas.

C'est l'homme qui juge et mesure.

Ma conscience
Ta conscience
Votre conscience

Dans cet océan de possibilités, l'homme en choisit une et la fixe.

La séparation, le MOI est né.

11. La Création – l'Homme, un microcosme ?

La puissance dans l'espace

reliée à tout

Une cellule vibrante ?

Une partie de tout le macrocosme ?

L'amour est la fréquence du Divin

L'homme et ses propres créations

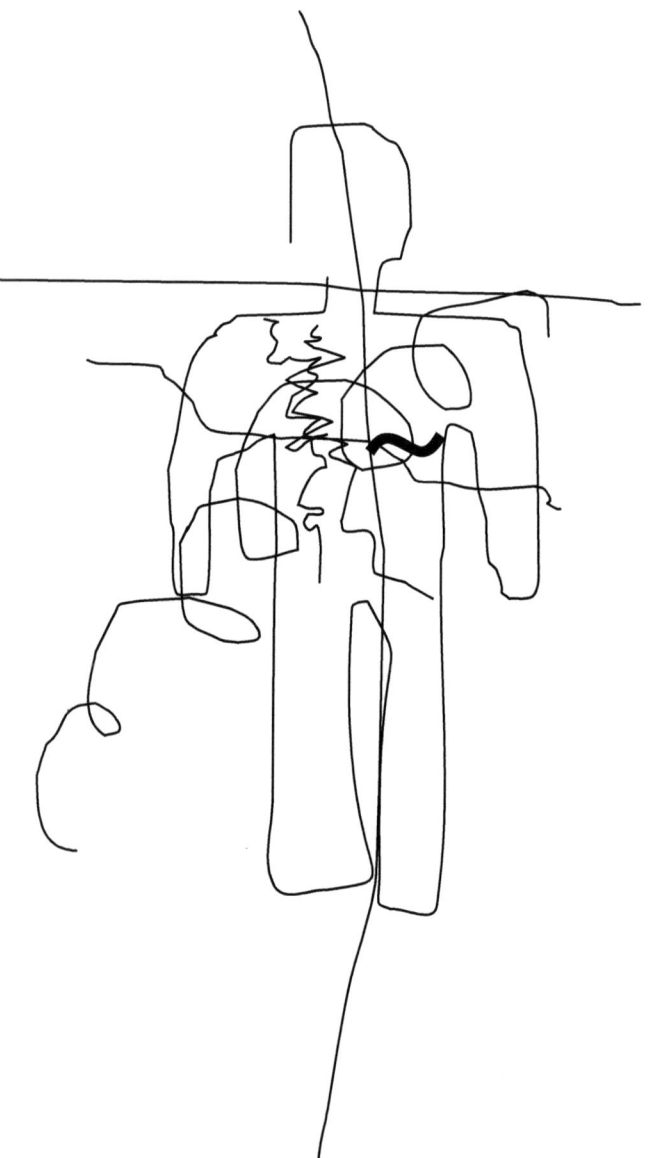

Sensation

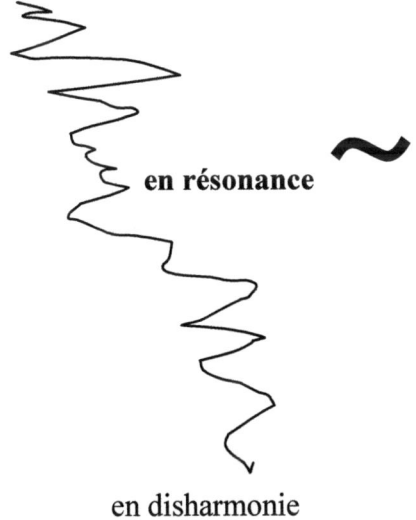

 **La peur**

 **la vie**

la mort

___

La peur c'est se rétrécir. Se retirer, construire des remparts, défendre son territoire. La peur paralyse, ne croit plus qu'elle même, construit des images ennemies.

Notre monde est dirigé et maîtrisé par le fait de faire peur – la peur de perdre son emploi, ses enfants, sa maison. La peur de la punition, la dégradation, l'exclusion. Le fonctionnement de notre société dite évoluée est basée sur la peur. Vers où évolue cette société ? Encore plus de peur, plus d'insécurité et d'isolement.

La peur existe car la matière existe…, cette matière que l'on peut perdre. La fin tragique en est la mort. Nous serions éternellement pris par cette peur si la mort ne lui donnait une fin.

Il y a donc une nouvelle chance – Avec quoi dois-je me relier ? Avec la matière ou avec la lumière intérieure de l'esprit ?

Dieu – L'homme

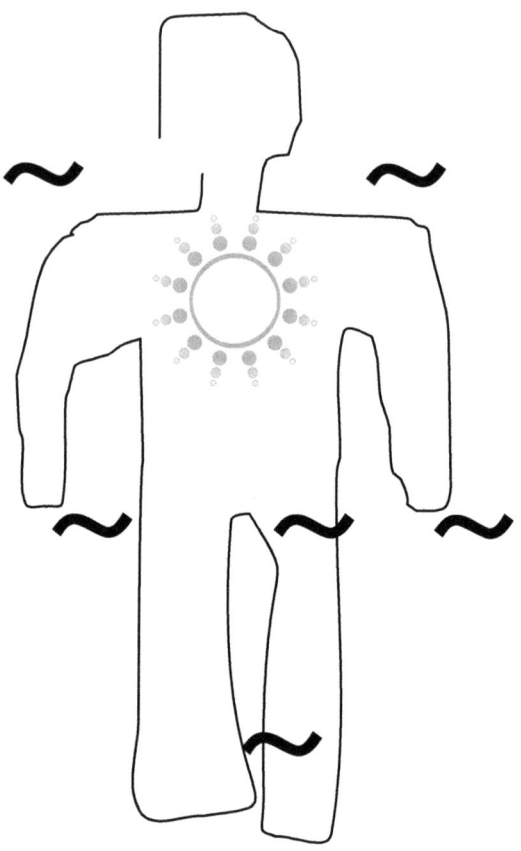

~ ~

~ ~

omniprésent

~

superposition

~ ~

12. Le Fils ~ la lumière ~ la connaissance ~ le Christ ~ font partie intégrante de la Création

S'il n'y a pas de TOI ou de MOI qui observe
et qui définit les choses,
alors tout est superposition.
Un océan de possibilités sans temps ni espace.

« Le Christ est la lumière cohérente (le photon), le phénomène d'intrication quantique, il est le médiateur, celui qui rassemble ce qui s'est éloigné du DIVIN.

Dans le livre « Philosophie quantique et Spiritualité » du Dr .rer . nat. Ulrich Warnke on peut lire à la page 170 :

« les électrons et les protons, les plus petites masses chargées, sont la source d'un champ constant. Et cette source d'énergie intarissable, que nous appelons charge élémentaire, vient du vide. L'origine des opérations de puissance et de temps provient de ces charges avec leur potentiel électrique. Les charges se transmettent par les photons – des photons virtuels dans le cas des champs stationnaires et des photons réels dans le cas des champs électromagnétiques.

Les photons transmettent seulement l'information de puissance aux masses, pas la puissance elle même. Les photons sont donc des transmetteurs de communication. Toutes les liaisons dans l'organisme se font par l' électronégativité , par le spin des électrons. Les spins sont l'information devenue réelle par la dégénérescence de l'onde. »

« Nul ne vient au Père que par moi » Jean Vers .14,6

Le Photon peut tourner par la puissance de nos pensées ou plutôt par notre force intérieure rayonnante du Christ. Si l'homme oriente ses pensées en premier lieu sur le monde matériel visible (ou invisible) alors il est lié à la loi qui dit que « tout ce qui naît et fleurit doit aussi mourir ». Si l'on considère cela de manière quantique, cela n'est qu'une image potentielle car la matière du point de vue statique ou existentiel n'existe pas.

Nous pouvons nous tourner vers le Tout – vers le vide – vers le Néant et vers la matrice ou vers l'information originelle.

Grâce à la méthode des deux points, nous passons de la conscience individuelle à « la conscience pure ».

Ce sont nos paroles, nos pensées le plus souvent inconscientes mais magiques qui génèrent les forces constructrices de la matière.

La croyance, quelle qu' elle soit, soude et donne la direction au photon. Si se rajoutent à cela des sentiments et des émotions, alors cela est amplifié des milliers de fois. Nous émettons alors des impulsions qui sont responsables de notre « réalité ». C'est ainsi que nous nous désignons comme notre créateur. Mais notre potentiel créatif est limité à un domaine plutôt curieux. Ceci est en rapport avec notre niveau vibratoire plutôt bas. La matière est ainsi de la force spirituelle figée.

La source créatrice de l'homme est l'espace matériel, éthérique et émotionnel. C'est là que nos idées et intentions inconscientes deviennent réalité du moins pour la conscience individuelle. C'est là que nous cherchons en vain la paix, la sincérité ou la permanence.

Chaque homme porte en lui en un endroit caché un potentiel de résonance divin. C'est là que réside également la clé du changement. Elle peut être utilisée de manière très diverse.

Un exemple au niveau du corps est le suivant :

13. « Guérir avec des signes » ou des symboles

Quel peuple, quelle culture n'a pas utilisé à ses fins propres ce savoir caché et souvent également transmis de façon cachée ?

Mais pourquoi de façon cachée ? Parce que les signes et les symboles sont des clés pour relier la puissance, ils servent à relier les fréquences aussi bien au sens positif que négatif. Les vibrations et les fréquences sont amplifiées et mises en résonance. Soigner à l'aide de signes revient à remettre dans un état vibratoire sain des fréquences dissonantes qui se manifestaient sous la forme de maladies ou d'allergies.

Comment se représenter cela ?

Dans le petit livre **« Guérir à l'aide de signes »** de L.B. Rheinfelder et K.J. Becker, on trouve l'explication suivante : «nous sommes redevables au chercheur Viennois, énergéticien du vivant, Erich Körbler, la redécouverte de la puissance de guérison des signes. Sa méthode, consistant à dessiner directement sur la peau des signes géométriques bien précis et à préparer une eau informée, fut appelée « nouvelle homéopathie ».

Lors d'un soin à l'aide de symboles, les blocages sont à nouveau remis en circulation dans le flux vital, c'est à dire remis en résonance avec les vibrations de la vie. Cela n'étonnera personne si le symbole clé de cette guérison est une **courbe sinusoïdale.**

La dissonance, la maladie, les blocages sont effacés par le symbole sinusoïdal et comme pour une eau informée, l'action se fait directement au travers de la peau. Les succès de guérison sont étonnants. Cette méthode a été reprise et développée par la biologiste et auteur, Layena Bassols Rheinfelder, qui a créé l'Institut PraNeoHom.

La guérison, la transformation, la direction consciente de la réalité ne sont durables que s'ils sont orientés vers « la création ». Il y a une façon d' ETRE, une dimension supérieure et la vibration cohérente pour se mettre en harmonie.

Chaque désordre, chaque maladie est instantanément dissout dans la conscience de tout un chacun. La seule question qui demeure est : quelle conscience détermine mon état ? Ma conscience limitée ou la « conscience pure » ?

Pour le très Haut, il n'y a que la manière d' ETRE consciente. Sans l'espace temps tout a déjà été, aucun mouvement, aucun devenir – seulement la pure présence . L'homme porte en lui les deux formes d'existence. Il est habitant et co-créateur de l'univers matériel – il peut aussi simplement ETRE – ETRE – être. Quand il est tout simplement alors il trouve ce qu'il cherche toute sa vie : l'Amour, la Paix, la Félicité, l'authenticité et une indépendance totale vis à vis de l'extérieur.

14. Observations de V. Schauberger

www.urquellwasser.eu/forschung/...levitation-teil.../334/ - On trouve sur ce site entre autres…

« D'après V. Schauberger il existe fondamentalement dans la nature deux manières totalement opposées de déplacement de l'énergie. Il les appelle la manière naturelle de déplacement énergétique et la manière non naturelle. Quelle manière de se mouvoir favorise le développement de la vie ou sa dégradation si dans la nature il n'existe que la bipolarité ou les lois opposées ? La manière naturelle de se mouvoir fonctionne sans résistance, sans pression ni chaleur, de façon implosive, réductrice, attirante et centripète . Il la dénomme l'énergie féminine, elle porte des charges négatives. Et plus loin encore….

« la manière non naturelle de déplacement énergétique se fait avec de la résistance, de la pression, avec production de chaleur de manière explosive, expansive, repoussante et centrifuge. C'est l'énergie masculine, elle porte des charges positives. Elle agit de manière gravitationnelle, donc en marche arrière et destructrice… »

Il y a les deux énergies dans la nature et elles ont toutes deux leur rôle à jouer. L'énergie destructrice est importante pour ramener dans le circuit énergétique tout ce qui est vieux ou malade, n'est plus guérissable, donc tout ce qui meurt ou est mort , afin de nourrir et purifier ce qui vient de naître.

Je vois en moi parallèlement deux images, celle de l'univers visible en expansion – par analogie ce qui se distance de la source – et au contraire aussi le retour vers la source intérieure, vers l'esprit, le centre de la roue, vers l' immobile, vers Dieu, où tout trouve son origine. Le fils perdu revient mais enrichi par de nouvelles connaissances. De l'inconscience il a été ramené vers la conscience. (Luc, 15,11)

15. Karl von Eckartshausen

http://www.philos-website.de/index

„Dieu ne cherche qu'à pardonner, de venir à lui, de rendre heureux ce qui est malheureux. – Si je m'éloigne du soleil et me protège à l'ombre d'un rocher, je perds sa chaleur bienfaisante et sa lumière réconfortante, cependant le soleil restera toujours bienfaisant. L'impression de froid et d'obscurité est simplement du à mon éloignement. Je ne peux pas dire que le soleil m'a puni ; - je dois plutôt dire : je ressens les conséquences de mon éloignement volontaire. »

Représentez vous la chose suivante : tout en vous est Amour – tout est Vie et tout est devenu Lumière

- ceci par la grâce de la lumière cohérente que vous recevez du fils de Dieu. Représentez vous cela en chair et en os, dans chaque cellule de votre être. Cela ne marche pas...Vous êtes sur le point d'y arriver. C'est seulement de cette manière que votre vie sera plus lumineuse, que vous pourrez donner de l'amour et partager une vie étincelante en toute paix intérieure.

16. Les Mayas

Les Mayas ont annoncé pour 2011/2012 un changement d'époque, on trouve à ce propos sur le web :

« Nous avons atteint le 9ème et dernier niveau (la conscience universelle) le 08 Mars 2011. Le 9ème et dernier niveau comporte 13 périodes de 18 jours soit donc 234 jours. Ceci est la fin et le nouveau commencement du calendrier Maya. »

A d'autres endroits on lit :

S'il s'agit, lors de ce 9ème et dernier niveau, de créer l'harmonie à partir de ce qui s'est passé jusqu'à maintenant, nous devons demander l'aide de Dieu pour nous diriger. Si nous voulons l'harmonie mondiale nous ne pouvons pas seulement demander à nos Egos de nous y amener. Mais nous devons nous poser les questions suivantes : » Que puis-je faire pour aider à réaliser le plan cosmique ou « que puis-je faire pour favoriser la conscience collective ?

http://spirituelle-revolution.net/showthread.php?tid=562

Et que se passera-t-'il après? Il y a mille et une spéculations là-dessus. Si l'on voulait mettre cela sur un axe temporel on dirait : les prochaines 16.4

milliards d'années (âge du calendrier Maya) de l'évolution humaine ont débuté.

Une prochaine évolution de 16.4 milliards d'années est certes captivante et prévue depuis longtemps sur le plan cosmique, cependant elle ne doit pas être vécue par chaque être humain. Car à côté des expériences paradisiaques il y aura des choses plus douloureuses à vivre.

Le phénomène « temps » prendra une nouvelle forme lors de cette phase. Le passé et le futur pourront, grâce à une certaine direction de la réalité, être changés … et être utilisés comme base de ressources.

La dernière question qui restera est : quel est mon but ? Est-ce que je veux entrer en résonance avec le principe Divin de mon cœur ou vais-je me créer des représentations de mondes matériels et astraux? A ce stade beaucoup de personnes se décident pour des mondes terrestres ou cosmiques soit par méconnaissance ou par curiosité.

L'humanité se jette avec euphorie dans de nouveaux domaines à découvrir. On prend contact avec de nouveaux habitants de la terre ou même des extra-terrestres, avec d'anciennes civilisations, avec des anges et des maîtres ascensionnés. Un flot incroyable d'informations nouvelles nous arrivent. Mais plus d'informations, ne signifie pas encore la rédemption ou l'intuition.

Le chemin pour nous rallier à Dieu nous est plus proche que celui jusqu'à nos mains ou pieds. En principe cela ne nécessite aucune évolution, aucun développement, aucune ouverture vers l'extérieur et cela ne prend pas de temps.

C'est tout simplement le fait d'entrer en **Résonance.**

Que disait Platon ? « je sais que je ne sais rien ».

17. Je sais que je ne sais rien

Je confirme cette citation de par ma propre expérience. En tant qu'être pensant nous nous créons nous même notre chaos – Comment l'être humain avec ses seules expériences et ses capacités peut- il avoir une vue d'ensemble de ses actes et des conséquences de ses actes ? N'est- il pas intelligent et conseillé de se joindre à la connaissance universelle et d'entrer en résonance avec elle ? C'est-à-dire échanger sa vision limitée des choses avec une vision universelle ? Quelle offre alléchante.

Et pourtant cette offre existe depuis le début de la création. Comment y parvenir?....

C'est tellement **simple.**

Chaque livre en parle, cela est beaucoup discuté lors de workshops et lors de congrès ésotériques : l' EGO, il faut dépasser l' EGO, on le crie, on se dispute à ce propos, on voyage même vers des pays lointains rencontrer des gourous et on écrit de nouveaux livres (je fais un peu d'humour….).

Tu crois avoir beaucoup de connaissances, connaître de nouvelles techniques, de nouveaux cristaux, faire du channeling, contacter les anges et connaître des herbes bienfaisantes, … oui cela peut faire partie de ta route – et pourtant tu atteins un point où tu peux affirmer sur ton cœur : je sais que je ne sais rien.

Tu as traversé des hauts et des bas et souvent ressenti de la douleur au cœur. Epuisé et quelque peu désemparé tu te retrouves dans un océan où mille offres viennent à toi. Mon point de vue était-il trop lié aux choses extérieures ? Ais-je pensé à mon bien être et à mon intuition ? Il est bon de reconnaître sa propre incapacité. A ce moment- là, « le plus haut », le « spirituel » peut trouver sa place en nous. Ne vaudrait- il pas mieux parler de don de soi ou plutôt de dévouement personnel que de parler de consécration personnelle ? Se mettre soi-même à disposition comme outil pour la lumière.

L'aventure la plus palpitante de la vie commence. Maintenant, ici, à partir de ce moment! Tout ce dont il est nécessaire pour ce voyage est mis à disposition. La vie s'en occupe elle même.
Ne demandez pas le pourquoi ni la destination de ce voyage. Nous ne le savons pas. Parfois nous en avons une idée mais ce qui compte c'est le fait d'avoir confiance. Et les choses arrivent. Je suis l'observateur immobile et en même temps la fin en soi. La vie peut être dynamique, variée, pleine de joie ou douloureuse. Je suis moi-même l'observateur et je m'étonne de tout ce qui m'arrive. La vie est en marche, elle gagne en conscience, en capacité d'aimer, elle devient plus vivante et créative. C'est cela le but. L'assurance intérieure grandit par le fait d'être relié à la vie et à l'amour.

Nous nous rapprochons ici des observations d'Erich Fromm dans son livre « Etre ou Avoir ».
Il montre qu'il y a deux sortes d'existence qui se battent pour l'âme humaine. D'après E. Fromm, la forme existentielle de l'Avoir est devenue la forme prépondérante humaine. Elle est basée sur l'impression de manque, d'incertitude et d'indisponibilité de chaque vie. La mentalité d'AVOIR aspire à l'attirance des choses matérielles, la sécurité, la supériorité et la puissance pour pallier à sa propre insécurité.

Une vie basée sur le principe « d'ETRE » se caractérise par l'amour, la disponibilité à partager. Dans ce cas, le fait de vivre des choses, d'avoir des relations vivantes jouent un rôle primordial. Les barrières de l'isolement veulent être franchies. L'homme peut agir en faveur des autres lorsqu'il a compris que son propre bien-être dépend du bien-être de la communauté. Tout est relié au tout. D'autres lois comptent au niveau des photons et des éléments quantiques.

En principe on ne devrait même pas être observateur car cela implique le fait de se matérialiser. Aussi longtemps que nous serons des êtres matériels, terrestres, nous vivrons dans le champ de tension « onde ou particule ». Si l'on mesure ou si l'on observe le photon de lumière, alors il devient particule car il s'est positionné. Le fait d'ETRE, le divin, est omniprésent, partout à la fois et relié à tout. S'il n'y a pas d'observateur, alors tout est en mouvement, le photon de lumière se transforme en onde.

La vie s'écoule à nouveau dans le flot divin de la grâce. Si l'on pouvait résumer cet art de vivre en un seul mot, ce serait pour moi le mot

"DANKE"

« MERCI ».
C'est le lien de retour à la pensée divine.
Dans le mot DANK (merci) il y a **ANK**

Es ist die Rückverbindung zum Göttlichen
C'est le lien de retour au Divin
GE - D A N K E N

Le mot ÂNKH ou encore ANCH représente la croix ansée égyptienne. Le hiéroglyphe est composé d'un T superposé d'un demi lemniskate (symbole retourné de l'infini).

T-Theos (en grec) =
Dieu + Lemniskate = 2 x ~ ~

Il y a de vieilles représentations égyptiennes montrant un Dieu remettant la croix ansée ANCH comme symbole de la vie.

18. La courbe sinusoïdale

L'un des rares symboles, qui agit toujours positivement et ainsi harmonise les énergies cosmiques.

Feng Shui

Loi hermétique

En haut comme en bas
A l'intérieur comme à l'extérieur

Philosophie Chinoise

Onde ou Particule

Platon et Aristote

Ils s'étonnent que nous vivions et s'étonnent même que quelque chose puisse exister. Au contraire, ils pensent qu'il n'y a rien du tout.
Ceci amène la question de savoir ce qui agit derrière toutes les apparitions, et pourquoi nous vivons, nous aimons, nous doutons et nous mourons.

?

Avez-vous déjà réfléchi à la forme, au symbole, à la puissance d'un point d'interrogation ? N'est-elle pas remarquable cette onde, cette courbe sinusoïdale, qui se dirige vers le point ? Une question contient en général le « non savoir » et la sincérité d'avoir une réponse.

S'il n'y avait pas **« la question »**, il n'y aurait pas d'évolution, de réponse en retour, de chemin possible vers la source.

Il y a un module très simple dans la méthode des 2 points ; il s'intitule **« poser des questions ouvertes. »** Il est étonnant à chaque fois de voir les réponses que propose le « champ » à ces questions.

Qu'éprouve-t-on par contre pour un point d'exclamation ?

!

Décisif – figé – déterminant – jugement – mort.

Le Monde est

la pensée inimaginable de Dieu

et la mission divine de penser sans limites.

Il n'existe aucune chose au monde

qui ne contienne de la pensée

et aucune pensée qui ne contribue

à l'évolution du monde.

C'est pour cette raison que mon

esprit aime le monde

car il aime penser

et le monde lui donne tellement

à penser partout.

Friedrich Rückert, 1788-1866

« La lumière est hors du temps. »

**Homme,
tu te trouves là,
où se trouve ta pensée.
Prends ton essor !**

Laisser simplement agir les images et les symboles de ce livre sur vous-même. On ne peut fixer par écrit le savoir absolu et le détenir. La vérité ne peut être reconnue par l'intellect ou la raison. Elle provient plus d'un vécu intérieur, d'une impression provenant de l'hémisphère droit du cerveau, qui est responsable de l'intuition, de la créativité et du ressenti.

19. Le phénomène des trous noirs

Quelles sont les pensées qui me viennent quand je regarde des films sur YouTube concernant le phénomène des trous noirs ?
Prenons la nouvelle théorie sur la provenance de ces trous noirs et galaxies. On vient récemment de trouver que chaque galaxie possède en son milieu un trou noir et que les galaxies avec leurs étoiles ne sont apparues qu'avec la force d'attraction de ces trous noirs. On suppose qu'avant la formation de matière il y avait dans l'univers des amas gazeux d'hydrogène et d'hélium. Ces amas gazeux auraient pu, dans un moment critique, s'entre choquer – et donner des trous noirs. Ils attirent de la lumière et, entre autres, de l'hydrogène provenant de la soupe originelle. Tout ce qui est aux alentours du trou noir est aspiré sous forme de spirale. A travers ces compensations d'énergie naissent de la matière, de la poussière, des étoiles et des galaxies. Une autre possibilité de la création est ainsi apparue. Une créature de Dieu devient créatrice d'un tout autre monde.
Etait-ce une pensée voulue que de laisser s'entre choquer la soupe originelle ? Peut-être n'était ce qu'une seule pensée qui provient du seul mot = MOI

Le prof. Dürr fait les commentaires suivants à ce propos

http://www.youtube.com/watch?v=p4OccoIMtMU

« La création signifie vraiment que quelque chose de neuf apparaît puis disparaît à nouveau. Donc comme au commencement lors du big bang, cela se produit sans interruption. Le monde est recréé à chaque moment mais en se rappelant du monde antérieur. » Le principe d'incertitude de Heisenberg montre que les électrons n'ont pas de position bien définie. Ils se présentent à un endroit pour disparaître et réapparaitre en un autre point. La création se fait sans interruption.

Le prof. Dürr fait la remarque suivante encore :
« Nous constatons à notre grand étonnement : le réel n'est pas vraiment une réalité faite de choses, de matière, mais nous le nommons en physique – une potentialité. C'est une possibilité qui peut se matérialiser mais ce n'est pas la manifestation elle-même. C'est ce qui vient juste avant sa manifestation. »

Prenez vraiment le temps de regarder cette présentation en huit parties de Monsieur Dürr sur YouTube.

20. Rêves Quantiques

Les espaces quantiques ne connaissent pas de barrières
Tu devrais les remercier
Lorsque sans Espace ni Temps
Ils se transforment en un rêve qui est tien
En miroir de ta fantaisie
Ils deviennent matière plus dense que jamais.

Des mondes tu créeras librement
Les plantes, les animaux seront également là
Les océans, les déserts, les montagnes,
Les abîmes, ton désir leur a donné vie
A côté de la chance, de la joie et de la clarté
La guerre et la grande souffrance existent aussi.

Oh frayeur, que fais- tu maintenant,
Tu n'as sans doute rien à voir avec tout cela.
Tu rêves d'être un homme, tu rêves de paix,
rêves quantiques d'hommes qui aiment.
Tu te représentes la terre, pays merveilleux
créé par ta propre main.

Continue de rêver, toi, petit enfant dans le sable,
la création ne se fait que d'une SEULE main.
Tout ce bricolage, ces énigmes, ces essais ne vont que
finalement effacer notre arrogance.
Car TOI et MOI, le MIEN et le TIEN
sont depuis le commencement des temps l'ETRE

21. Le rideau s'ouvre

Sur la scène de la vie il y a un rideau qui sépare les acteurs du public. Ce rideau s'ouvre pour chaque homme après son réveil matinal. D'innombrables pensées non exprimées traversent notre tête :

« Où suis-je ? Qui suis-je ? Que dois-je faire aujourd'hui ?
En quelques secondes nous nous souvenons de notre vie, nous nous orientons dans l'espace et le temps ou plus souvent encore, nous nous orientons par rapport à ce que fut hier ou sera demain. Nous sommes prêts à entrer en scène, à continuer de jouer. Tu endosses ton rôle de mère, de père, d'amant, de vendeur, de médecin ou de retraité. La pièce de théâtre peut être sérieuse, difficile et remplie des croyances suivantes : « la vie est difficile, je n'ai pas le temps, et de toute façon j'ai trop peu d'argent, tu es responsable de ma crise de nerfs, et si j'avais continué mes études je ne serai pas au chômage, mon karma m'emprisonne, je n'ai pas mérité cela, de rien on a rien, je suis trop honnête pour ce monde, mon père m'a puni injustement, j'étais le 5ème enfant de huit et, et , et….

Le monde est coupable, je suis la victime.

On nous demande souvent d'endosser plusieurs rôles et nous le faisons sans broncher. Ou le faisons nous tout de même ?

Oh oui, qui ne connaît pas cette impression bizarre dans la région de l'estomac. Est ce que ma vie est vraiment ce qu'elle devrait être ? Est ce que je devrais changer quelque chose ? Ne suis-je pas soumis à toutes ces contraintes qui font exactement ce que je vis ? Je suis piégé !

Mais il y a également la variante :
Ma vie se déroule superbement !!!
Evidemment il y a les préférés du public sur la scène. Tout le monde jubile lorsqu'ils entrent en scène. Bien vus et adulés à tue-tête. Pleins d'humour, brillants, admirables ! Certains mettent vraiment en scène la pièce de théâtre. Que le rideau s'ouvre. Un peu d'humour maintenant, laissons la profondeur et le charisme pour plus tard. La pièce commence à avoir un certain niveau, les acteurs et les spectateurs se font aimablement un signe de tête. Et bien, la nouvelle conscience à propos des domaines quantiques et des pensées positives produisent des espaces bien différents. La scène est bien trop petite. Mais non, nous avons la possibilité d'utiliser tout le théâtre comme Showroom. Le public fait partie intégrante, il peut également jouer. Les espaces, les personnes, la musique et les effets de lumière tissent une trame artistique.

Il y a tout de même beaucoup plus de possibilités, de marge pour façonner sa vie agréablement. Plus de rideau ; tout à le droit d'être et a la possibilité d'être ! Oui, il y a même la possibilité de quitter le théâtre, de sortir – et au miracle, dans d'autres villes il y a d'autres théâtres. Nous pouvons intégrer des pays, des continents – même des étoiles dans notre pièce de théâtre. On en a le vertige, maintenant nous sommes acteurs, spectateurs, régisseur, producteurs, des images de scènes, le théâtre, le lieu – et la dimension en même temps. **Pas mal !**

En ce moment je m'essaye aussi dans cette « nouvelle liberté ». Je deviens consciente des relations entre mes pensées et « ma propre réalité ». Je sens à fleur de peau comment les pensées négatives se manifestent sous forme de circonstances adverses dans ma vie. Oui, je suis fermement résolue d'endosser la responsabilité de mes pensées et sentiments.

22. Réflexions personnelles

Nous voilà revenu à la question posée au début : **« Ne suis-je seulement qu'une créature ou suis-je également créateur** ? Chacun de nous est également créateur, sans aucun doute, et ceci à 100% ; aussi longtemps que nous faisons attention à ce monde des « potentialités ».

Mais cela est et restera des potentialités – un monde virtuel, qui nous fait miroiter une forte stabilité. Les physiciens quantiques nous ont démontré à maintes reprises que la matière naît lors de son observation (Conférences du Prof. Dr. Dürr et Expérience de la double fente).

Il me vient la question suivante : « est –ce que je veux vraiment me construire un paradis dans ce monde d'apparences matérielles ? Qu'en est-il de la mort ? Est-ce que cela en vaut la peine si on peut éteindre « cette flamme » d'un seul souffle. La présumée matière ne peut et ne doit pas être le but auquel aspire l'homme. Ceci est et restera une impasse, d'où l'homme pourra ressortir par un détour conscient.

A quoi ressemble la pièce de théâtre maintenant ?

Je n'en sais rien. Aucune idée. J'arrête de me projeter des images et des représentations et je commence à vivre ici et maintenant. Je ressens mon corps comme une antenne, un organe résonant, aussi bien pour des impulsions et impressions provenant de l'intérieur que de l'extérieur.

Récemment, lors d'un exercice de la méthode des 2 points, j'ai découvert que mon corps réagissait d'une manière très subtile à mes pensées. Mes pensées restaient accrochées aux personnes auxquelles je venais de penser. Mon corps a fait un mouvement spécifique en étroite relation avec le nom de chaque personne. Une information vivante s'est imprimée en moi, comme pour les cristaux de glace de M. Emoto, mais ces informations pouvaient se mouvoir.

Après cela, j'ai commencé par observer les mots comme sucré, salé, acide, amer et piquant et ainsi de suite. Les mouvements étaient observables comme pour les noms des personnes. Il me vint à l'esprit que l'on pouvait transcrire ces mouvements en symboles d'écriture. C'est probablement ainsi que naquirent les premières lettres d'écritures.

Maintenant cela devient très personnel....

Mon corps réagit depuis longtemps aux vibrations. Lorsque l'on joue une musique quelconque, mon corps crée une image, un film, qui ressemble à cette musique et cela peut être très comique. Mes sœurs ont souvent souri lorsque nous allions danser quelque part. Que sont les danses indiennes sinon la même chose. Aujourd'hui nous appelons cela Hip-Hop ou « street-dancing » etc. Chez les Anthroposophes la langue ou la musique visualisée est appelée « Eurythmie ». Nous avons oublié tellement de choses qui, il y a des siècles, étaient évidente dans la vie humaine.

23. Le cerveau gauche et le cerveau droit

Notre système scolaire fondé sur le cerveau gauche a certainement beaucoup contribué à ces oublis. Nous nous rappelons des capacités liées au cerveau droit grâce à la méthode des 2 points.
Quelles perceptions proviennent du **cerveau droit** ?

- la perception intuitive
- les sentiments
- la créativité
- la spontanéité
- la curiosité
- la perception de l'espace
- la gestuelle
- les expressions visuelles
- le jeu
- l'art
- la musique
- la synthèse
- les rêves
- la vision globale

Le **cerveau gauche** est représentatif de :

- la logique
- l'analyse
- compter, des chiffres
- la rationalité

- du calcul
- de la lecture
- du linéaire
- du détaillé

Le cerveau gauche dirige la partie droite du corps et vis-versa. Tout fonctionne parfaitement lorsque le cerveau gauche et le droit travaillent ensemble.
Lors de la méthode des 2 points l'on dirige sa conscience de l'observation analytique vers une perception holistique. L'on ne se consacre pas sur une chose ou un seul point mais sur 2 points en même temps. La conscience fait se rejoindre ces 2 points et on les perçoit en même temps. Ce revirement de l'attention fait qu'il y a transfert du cerveau gauche au cerveau droit. Un sujet ou un problème ne peut être perçu que dans sa globalité. Il est utile tout d'abord de pratiquer la méthode des 2 points de façon purement extérieure ou visuelle dans le temps et l'espace. Cela fonctionne également de manière purement mentale sans une deuxième personne et sans technique, simplement en pénétrant dans le champ. Toutes les êtres de lumière de ce monde nous l'ont montré.

24. Approche Physique

- ✓ Dans le champ quantique il y a une possibilité où tout est **déjà "parfait".**
- ✓ Dans chaque être humain tout existe déjà à l'état parfait.
- ✓ Dans l'univers tout est énergie et information. Comment est ordonnée cette énergie?
- ✓ L'énergie vibre – elle a donc toujours une fréquence - elle est toujours en mouvement –

- ✓ **Rien n'est fixe.**

- ✓ Les fréquences semblables ont tendance à s'unifier
- ✓ Les points de vue, les préjugés, les convictions et les croyances créent notre réalité.
- ✓ Dans l'univers **l'intention est à l'origine** de toute création.
- ✓ Le monde extérieur n'est qu'un miroir, une projection.
- ✓ Dans l'univers toutes les choses sont reliées entre elles.
- ✓ La nature de l'univers est holographique.
- ✓ Chaque information est donc partout présente.
- ✓ **L'énergie suit l'attention**

25. Les soins quantiques et la Méthode des 2 Points

1. Lorsque le praticien met en pratique la transformation matricielle ou « quantum entrainment » = guérison quantique – même si le mot guérison n'est pas le bon, alors il se concentre en même temps sur ces deux mains, ses yeux sont ouverts et défocalisés. L'importance primordiale est le sentiment de joie intérieure provenant du cœur, de reconnaissance et d'une confiance totale dans la dimension la plus élevée des choses. C'est une question de force dans le Christ, de l'amour inconditionnel provenant du cœur.

Il se crée alors un état « d'ici et de maintenant », dans lequel la conscience est à plusieurs endroits à la fois, cela consiste en la **superposition des « quanta »** avant qu'ils ne soient mesurés. Le système corporel peut maintenant entrer en résonance (aucune énergie ne circule). Entre en jeu alors le principe d'intrication quantique. Il y a échange d'informations entre les deux personnes au travers des quanta.

2. Le lien avec le patient se fait par contact direct ou simplement par l'imagination. Il n'existe pas d'espace temporel au niveau quantique.

3. En troisième point vient le sujet ou le thème. Que faut-il transformer ?

A quel endroit le patient ressent-il une contraction non désirée (maladie, blocage, sentiment oppressant, croyance)? Il suffit que le patient pense au thème à traiter, il n'est pas nécessaire d'en parler, de l'exprimer verbalement.

En tant que praticien c'est souvent un soulagement de ne pas connaître le thème qui préoccupe le patient. Dans ce cas le praticien fonctionne plus avec son cerveau droit. De toute façon c'est la force ou la direction de son cœur qui provoque la transformation. Lors de la mise en résonance (intrication quantique) avec l'état vibratoire du praticien, les quanta emprisonnés sous forme de particules reçoivent l'impulsion de faire l'effondrement de l'onde générée. Lors de l'effondrement de cette onde toutes les possibilités sont à nouveau ouvertes.

4. Le point 1 est donc le thème, le point 2 la solution. Le point 1 est relié avec une main, le point 2 avec l'autre main. Les 2 points deviennent un SEUL par la conscience. Dans la conscience divine il n'y a ni thème ni solution. Cette dualité n'existe que dans la folie de la conscience terrestre.

« Dans les moments de tranquillité et d'abandon total, dans ce vide, se crée un espace de liberté dans lequel les choses se rencontrent par elles-mêmes. »

25. Conclusion

Je pense à tous les récits de la bible. Jésus a maîtrisé totalement ce sujet des quantas. Il disait souvent : « Ce qui t'arrive dépend de ta foi ».

Chacun doit finalement concrétiser les choses par lui-même. Cela nécessite notre décision consciente. Est-ce-que je me décide pour la solution de mon problème, pour la lumière de la connaissance même si cela est douloureux momentanément et même si cela me coûte de me séparer d'une pensée ou d'une croyance?

Nous sommes invités à prendre toutes nos responsabilités à propos de nos projections, de nos pensées créatrices et de nos sentiments. Ce, à quoi nous sommes confrontés tout au long de notre vie, nous le devons à nous même à 100%. Cette réalité nous n'aimons pas toujours l'entendre.

En guise de conclusion, j'aimerai encore citer le livre de « Lévi » l'évangile du Verseau (Le Christ de l'ère des poissons, page 194), dans lequel est décrit, contrairement aux attentes, l'incapacité des apôtres à aider un enfant épileptique.

15 Jésus et les disciples retournèrent dans la maison de Susanna, et après le repas ceux qui n'avaient pas pu guérir l'enfant lui demandèrent :

16 « Pourquoi n'avons-nous rien pu faire ? Nous avons donc prononcé les bonnes paroles. Même la parole sainte semblait impuissante ? »

17 Jésus leur dit : votre réussite permanente vous a rendu insouciant. Avez-vous oublié la puissance de Dieu ?

18 Sans l'esprit vos paroles ne sont que de vains mots. Et vous avez également oublié de prier.

19 Sans demander la foi, vous ne pouvez l'avoir. La prière est comme la vibration de votre foi. Vous pouvez vibrer mais tout seul vous ne pouvez voler.

20 Par la foi et la prière vous pouvez faire plonger dans la mer les sommets des hautes montagnes. Vous pouvez faire sautiller les collines et même les agneaux.

21 Pour vous, cet échec fut salutaire. L'être humain fait les plus grands progrès lors de ces erreurs.

22 Pendant que les disciples méditèrent profondément, le Seigneur leur dit : « Laissez pénétrer mes paroles profondément dans votre cœur. »

☙

**Nous devons toujours
tenter l'impossible pour que
parvienne le possible.**

☙

SÉMINAIRES

La Méthode des Deux Point(s)

Formation de Base I*

Avancé II*

Philosophique III*

Information et dates des séminaires:

www.resonance-quantique.com

www.heilehaus-holtorfsloh.de

ෆ

L'amour est la fréquence du Divin

ෆ